Enfers et damnation !

Representation des Enfers et figure des Gorgones sur la ceramique grecque antique

OLYMPE FABLET

Enfers et damnation !

REPRESENTATION DES ENFERS ET FIGURE DES GORGONES SUR LA CERAMIQUE GRECQUE ANTIQUE

Histoire de l'Art

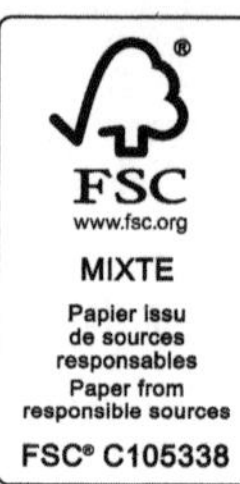

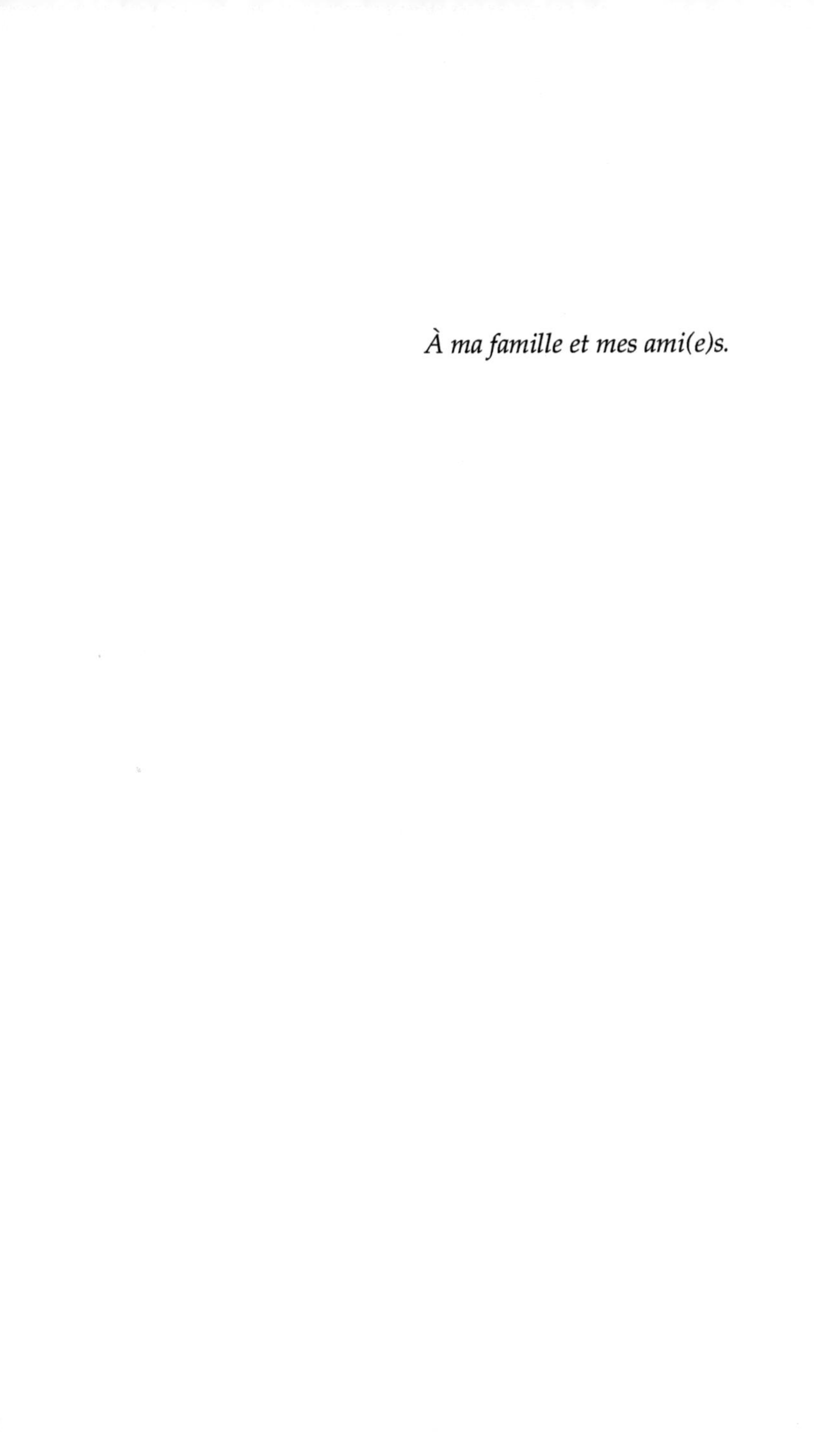

À ma famille et mes ami(e)s.

INTRODUCTION

Parler des Enfers grecs est une tâche ardue, tant la chose est complexe. Les notions abordées dans cet essai touchent à des champs extrêmement larges. Le thème ici exploré étant _La représentation des Enfers sur la céramique grecque_, j'ai décidé de focaliser mon étude sur les images des diverses figures liées aux Enfers, et de me consacrer à l'étude de céramiques principalement attiques (territoire de la cité-état d'Athènes), mais également apuliennes[1], et quelques autres laconiennes[2], ioniennes[3] ou encore étrusques[4], toutes produites sur une période allant du VIe siècle au IVe siècle av. J.-C. Dans cette étude seront donc présentées des céramiques dites à « figures noires », mais aussi à « figures rouges », ou encore des lécythes[5] à fond blanc[6].

---

[1] Apulie : ancienne région occupée par les Grecs, aujourd'hui située dans les Pouilles en Italie.

[2] Laconie : région de Grèce située à l'extrême sud-est de la péninsule.

[3] Ionie : région du monde grec antique située aujourd'hui en Turquie. La région historique s'étendait sur un peu moins de 200 km de rayon en partant de la ville d'Izmir.

[4] Étrurie : région d'Italie centrale pendant l'Antiquité, qui correspond aujourd'hui à la Toscane.

[5] Lécythe : vase grec utilisé pour stocker de l'huile parfumée destinée aux soins du corps.

[6] Lécythe à fond blanc : contenant très fréquemment utilisé comme vase funéraire. La panse de la céramique est de couleur blanche, ce qui fait ressortir les décors qui sont peint dessus.

De nombreux textes anciens nous sont parvenus, évoquant les Enfers grecs comme les œuvres d'Hésiode[7], Homère [8] ou encore Virgile [9]. Ces textes se révèlent généralement vagues et mystérieux et ne contiennent pas de réelle description de ces Enfers. Par ailleurs, il convient aussi d'être très prudent quant à l'analyse des scènes mythologiques, mais également de prêter attention aux apparences : ce que l'on pense voir peut être erroné.

Le but de ce travail vise à montrer de quelle manière les Grecs ont su mettre en image sur des céramiques ce monde invisible à leurs yeux. Là est notre problématique principale. Nous verrons qu'il existe plusieurs moyens de déceler la présence de ces Enfers dans certaines scènes représentées sur ces objets que nous retrouvons en grand nombre dans nos musées et nos départements d'archéologie. Une cinquantaine d'œuvres seront ici étudiées et analysées afin d'éclairer ce phénomène.

---

[7] Hésiode, *Théogonie* : 725 ; 767 ; 795.
[8] Homère, *Odyssée* : X, 513 ; XIV, 10.
[9] Virgile, *Enéide* : chant VI.

CHAPITRE I

L'*imago*[10] sur la céramique grecque

---

[10] Imago : évoque par ses origines d'abord une imitation matérielle. Elle se présente comme un double, une ombre et a une fonction de représentation.

Pendant l'Antiquité, la céramique – du grec *keramos*, « argile, vase d'argile » – est un bien matériel commun : il se diffusait largement et était accessible à tous. L'apparition de représentations de l'au-delà sur ces objets permet d'aborder sa conceptualisation sous un autre angle que celui des poètes[11]. De nombreux exemples de production attique sont parvenus jusqu'à nous, dans des états de conservation variés.

Ces exemples ne forment qu'une infime partie d'un important phénomène de « communication », pour garder le terme employé par Stefan Schmidt[12]. La circulation des vases permettait donc une plus grande visibilité des images que sur d'autres supports (murs de sépulture, statues, etc.). Les récipients étaient utilisés, manipulés et probablement déchiffrés et lus par les « spectateurs » grecs.

La relation entre le vase et les images représentées dessus fait débat depuis le XIXe siècle. En 1936, le céramologue Charles Dugas[13] lance la discussion autour d'une seule et unique question : pourquoi les Grecs ont-ils utilisé les vases comme supports de peinture ? Lui-même interprète cette pratique de la façon suivante : « *une des raisons auxquelles la céramique devait son caractère était l'absence de papier dans le milieu où elle était issue* ».

---

[11] REYSER Thomas, *Discours et représentations de l'Au-delà dans le monde grec*, 2011.

[12] SCHMIDT Stefan, « Rhetorische Bilder auf attischen Vasen, Visuelle Kommunication », *5 Jahrhundert v. Chr*, 2005.

[13] DUGAS Charles. « Décoration et imagerie dans la céramique grecque », *Revue des Études Grecques*, 1936.

Il ajoute, par la suite, « *la fonction des vases [...] permet de diffuser auprès d'un plus grand nombre un enseignement par les yeux des valeurs de la société athénienne [...]* ». Même si cette vision s'avère quelque peu obsolète (il y a des recherches plus récentes), il reste tout de même intéressant de la mettre en avant afin de nous rendre compte de l'évolution de la réflexion à ce sujet.

Ivonne Manfrini [14], membre du *Centre de recherches comparées sur les sociétés anciennes*, fondé par l'historien spécialiste de la Grèce antique Jean-Pierre Vernant, complète l'hypothèse de Charles Dugas du point de vue technique. Elle explique que « *mettre une image en vase c'est la mettre en volume, en gestes et en partage. C'est susciter une lecture qui engage le mouvement de l'œil, du corps, et un mode de fonctionnement de la mémoire qui convoque les capacités des spectateurs à associer et à permuter des signes iconiques, présents et absents, pour décoder des effets de sens à l'enseigne du jeu [...] de la métaphore et du paradoxe* ».

Les principaux épisodes des poèmes homériques ont ainsi été mis en image. Il en est de même pour les mythes concernant les dieux grecs et les héros. On note cependant que certains mythes sont représentés à une période puis laissent place à d'autres... On peut donc penser que les scènes imagées sur les céramiques peuvent être représentatives des goûts et des tendances de chaque époque.

---

14 MANFRINI Ivonne, « Images en gestes », *Dossier : Images mises en forme*, éditions de l'École des hautes études en sciences sociales, collection Mètis, 2006.

Pendant toute l'Antiquité, les scènes mythologiques sont un choix de représentation au même titre que les scènes de la vie quotidienne. Les peintres décorent une grande variété de céramiques par des scènes d'inspiration diverses, mythologique ou non. Les Grecs avaient la possibilité de représenter des images sur de nombreux supports plats, pourtant ils ont choisi de peindre sur des objets en volume. Cette surface devait donc avoir certaines spécificités qui permettaient un développement que l'on qualifie aujourd'hui d'artistique.

C'est ainsi que le style évolue au fil du temps, passant d'une représentation hiératique[15] à des images plus en mouvement. En effet, les peintres profitèrent des courbes et volumes afin de créer des images de plus en plus vivantes, mettant en scène des personnages mouvants dans un cadre défini, agrémenté de verdure, d'animaux, de bâtiments, etc. L'effet de mouvement se traduit également par l'occupation totale de la panse de certaines céramiques, créant ainsi une sorte d'image à 360°.

---

[15] Hiératique : qui est raide, figé.

CHAPITRE II

Montrer l'invisible aux Hommes

Hélène Collard [16] nous disait à propos du monde antique : « *Les dieux font partie du monde et, tout comme les auteurs les font intervenir dans leurs récits, les peintres les représentent sur les vases* ». Même étant de fait divins et invisibles, les Grecs ont souvent mis leurs dieux en image. Dans la peinture sur vase, les divinités sont fréquemment figurées sous différents traits.

---

[16] COLLARD Hélène, *Montrer l'invisible - Rituel et présentification du divin dans l'imagerie attique*, Presses Universitaires de Liège, 2016.

Représenter les Enfers invisibles

On le sait grâce à de nombreuses sources, l'image au sens large occupait une grande place dans la culture grecque. Le registre religieux, en particulier, était largement prédominant. Comme pour diverses religions, la perception du divin est une préoccupation chez le peuple Grec. Cette perception du divin passe, entre autres, par la fabrication d'images. Mettre en image une entité ou quelque chose d'invisible permettait de lui donner une dimension vivante et réelle.

Dion Chrysostome, un rhéteur[17] Grec du Ier siècle ap. J.-C. clamait « *par le visible et le comparable, nous cherchons à faire voir l'incomparable et l'invisible* ». Pour aller plus loin, Alain Schnapp[18] développe, en 1988, l'idée que « *en Grèce, l'image n'est pas seulement une catégorie d'art figuratif mais aussi un moyen d'approcher le divin et de communiquer avec lui* ».

La perception de la nature des dieux passe par l'image et la représentation. L'*imago* nous fait inconsciemment revenir vers nos sens familiers. Elle dévoile l'invisibilité des choses lorsque le « lecteur » regarde l'image en faisant abstraction de l'irrationalité. C'est le cerveau humain qui interprète la chose. L'image fixe un concept en lui conférant une représentation qui permet de marquer ses contours.

---

[17] <u>Rhéteur</u> : maître de la rhétorique et de l'éloquence.
[18] SCHNAPP Alain, *Préhistoire et Antiquité - Des Origines de l'humanité au monde classique*, Flammarion, 2011.

On ne peut pas voir corporellement les choses immatérielles et invisibles, mais celles-ci peuvent faire l'état de représentations subjectives. Le contact entre le monde des vivants et celui des morts – les Enfers, aussi appelés « le royaume d'Hadès » ou, tout simplement « l'Hadès » –, se fait donc par l'intermédiaire des images qui établissent une relation entre les deux.

L'image sert de médiatrice entre les deux mondes ; elle crée une chair imaginaire à la figure souhaitée. La théorie de la *mimèsis*[19] mène à l'imitation de l'apparence et à la présentification [20] de l'invisible. D'après Jean Pierre Vernant : « *les puissances invisibles de l'au-delà peuvent être transformées en images. Dans la représentation du divin, on s'oriente vers une imitation de l'humain* ».

Cependant la représentation de la figure humaine n'est qu'en apparence réaliste. Les images présentes sur les vases grecs ne peuvent être pris pour de simples clichés de la réalité car chaque peintre et lecteur en fait sa propre interprétation. Mais, grâce à ces représentations sur des céramiques ; le divin est, ici, intégré au monde des Hommes.

Concernant les Enfers grecs, on se rend compte que les textes anciens comportent peu de passages les décrivant précisément. Les textes ne nous aident donc pas, à chaque fois, à comprendre les scènes représentées. Mais comment

---

[19] <u>Mimèsis</u> : terme tiré de la poétique d'Aristote et qui définit l'œuvre d'art comme une imitation du monde tout en obéissant à des conventions.
[20] <u>Présentifier</u> : rendre présent à la conscience un élément absent ou présent, mais caché.

16

les peintres et artisans grecs ont-ils su représenter ce qu'ils ne voyaient pas ? Les représentations produites sont-elles toutes les mêmes, répliquées en grand nombre ? Par quel procédé réussissent-ils à représenter le lien entre le monde des vivants et celui des morts ?

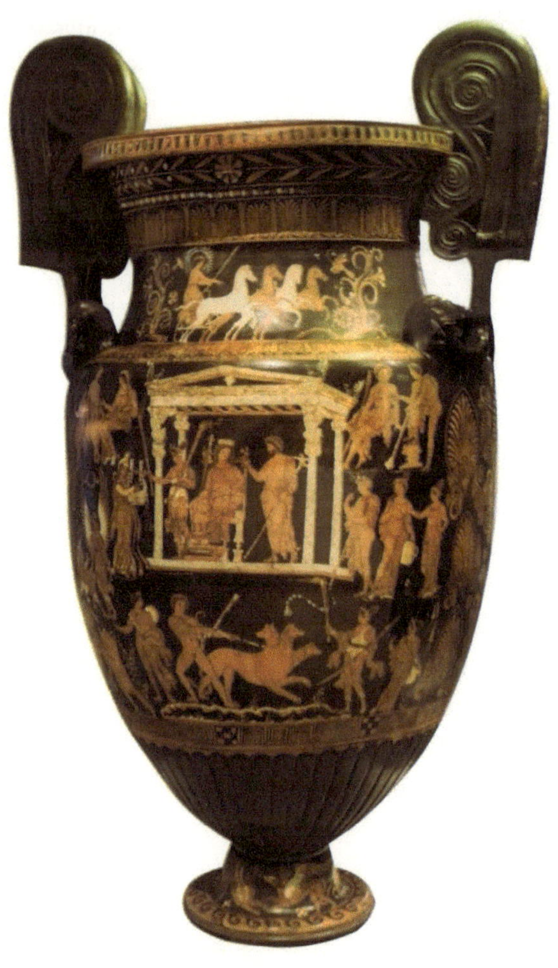

*Fig. 1 - Cratère à volutes apulien, figures rouges,
Canosa di Puglia, Peintre des Enfers, H. 1,20 m.
Vers 330-310 av. J.-C., Staatliche Antikensammlung,
Munich und Glyptothek
(3297 = J 849).*

Paysage et architecture des Enfers

L'absence de réalisme s'étend à la représentation des lieux. L'espace est symboliquement et schématiquement évoqué à l'aide d'objets significatifs que nous mentionnerons plus tard. Les objets présents dans le champ de l'image, aussi simples soient-ils, servent à définir l'espace. Plusieurs éléments iconographiques[21] servent à structurer l'espace infernal : le palais d'Hadès – que l'on appelle plus communément l'architecture infernale –, mais également la végétation.

Étudions dans un premier temps les représentations de l'architecture infernale sur la céramique antique. Nous pouvons nous appuyer sur une amphore[22] attique[23] et quelques cratères[24] apuliens.

L'amphore attique est décorée par une scène représentant deux hommes et un chien à plusieurs têtes (il s'agit, ici, du chien gardien des Enfers : Cerbère). Ce qui est important c'est que sur le côté gauche de la composition se trouve un homme assis sur un fauteuil, sous ce qui semble être une structure composée de colonnes soutenant un toit tout en reposant sur un *stylobate[25]*. Il y a un jeu dans la perception de l'image : on ne

---

[21] Iconographie : étude des représentations figurées d'un sujet.

[22] Amphore : vase antique à deux anses, pansu, à pied étroit.

[23] Amphore attique à figures noires, peintre de Diosphos, 525-475 av. J.-C., NY Metropolitan Museum 41.162.178.

[24] Cratère : grand vase utilisé dans l'Antiquité, particulièrement chez les Grecs, pour mélanger le vin et l'eau.

[25] Stylobate : soubassement avec base qui forme un piédestal continu et porte une rangée de colonnes.

voit qu'une colonne, mais elle sous-entend la présence d'un temple, qui peut se référer au palais d'Hadès. La scène présente donc un certain nombre d'éléments scéniques : l'artiste a volontairement décidé de représenter une structure fortement symbolique.

Concernant la scène figurée sur le premier cratère à figures rouges[26], on remarque que sur la face, le centre est mis en avant par un bâtiment de couleur blanc, qui se rapproche fortement de l'architecture d'un temple grec. Le temple représenté ici sert probablement de symbole (est-ce une maison ou bien un palais ?). Deux personnes sont assises à l'intérieur de ce temple, chacun tenant un sceptre dans sa main droite. Celui de l'homme est surmonté d'une sorte d'oiseau, tandis que celui de la femme semble être une torche éleusinienne[27] à quatre branches, enflammées. Leurs regards sont tournés vers leur gauche.

L'homme est caractérisé par sa chevelure noire bouclée, et la femme à ses côtés porte une couronne. On peut émettre l'hypothèse qu'il s'agit ici d'Hadès accompagné de sa femme Perséphone, reine des Enfers, dans leur palais. La scène est composée de nombreuses autres figures qu'il reste difficile à identifier tant les objets et attributs présents sont variés et nombreux. Sous le temple, deux personnes sont représentées en position assise. Autour du bâtiment se trouvent différentes figures qui vaquent à diverses occupations. Le temple en lui-même paraît être de style

---

[26] Cratère à volutes apulien, à figures rouges, par le peintre de Sakkos (white sakkos), 320 av. J.-C., Antikensammlung, Kiel B 585.
[27] <u>Mystères d'Éleusis</u> : fête en l'honneur de la déesse Déméter célébrée tous les quatre ans ou tous les ans spécialement chez les Athéniens à Éleusis, ville d'Attique.

ionique[28] : les chapiteaux des colonnes sont formés de volutes.

Ce cratère est daté du IVᵉ siècle av. J.-C., pourtant son décor rappelle fortement ceux produits au VIᵉ siècle av. J.-C. Deux siècles après, les artisans utilisent alors toujours les mêmes modèles maintes fois représentés. Ce que l'on appelle aujourd'hui l'ordre Ionique est apparu en Ionie, région du monde grec antique qui correspond de nos jours à la Turquie. Cependant, nous retrouvons ces représentations en attique, ce qui nous montre un rayonnement particulièrement vaste de la circulation des biens et des idées dans toute la Grèce antique.

Comparons maintenant le cratère du peintre de Sakkos avec un autre, signé du peintre des Enfers[29]. La scène représentée sur ce dernier semble plus riche, les figures ne sont pas les mêmes, cependant on note qu'un temple est également représenté au centre de cette scène figurée. Sur ce second cratère, le col est décoré d'une scène équestre. Sur certains objets du corpus étudié ici, il peut par exemple, y avoir plusieurs thèmes représentés sur différents registres : un registre en lien avec les Enfers et l'autre non.

Concentrons-nous sur la panse de l'objet en question. Au centre se trouve un temple, représenté de face et constitué de deux colonnes de plus que le temple de

---

[28] Ordre ionique : se caractérise en architecture principalement par son chapiteau en volutes.

[29] Cratère à volutes apulien, figures rouges, Canosa di Puglia, Peintre des Enfers, H 1,20 m, vers 330-310 av. J.-C., Staatliche Antikensammlung, Munich und Glyptothek 3297 = J 849.

l'amphore attique du peintre de Diosphos[30]. La scène semble rigoureusement hiérarchisée. Au niveau de ce temple, on retrouve Hadès et Perséphone toujours en possession de leur sceptre et torche. Mais, Hadès est assis sur son trône tandis que sa femme reste debout à ses côtés. On retrouve les mêmes attributs comme les cheveux d'Hadès ou encore la couronne de Perséphone.

Des motifs végétaux ainsi que des colonnes marquent une délimitation de la scène. De nombreux personnages sont également représentés autour du temple, certaines figures ne sont pas reconnaissables, mais la scène inférieure montre clairement Hermès face à Hercule tenant Cerbère en laisse.

Aujourd'hui, nous n'avons que peu de représentations du palais d'Hadès sur les céramiques antiques. Il nous faut donc nous contenter d'étudier celles qui nous sont parvenues, afin de se donner une idée de comment le peuple grec et, plus largement, tous les croyants se figuraient la demeure du maître des Enfers.

---

[30] Cf. note de bas de page n° 22.

CHAPITRE III

Les personnages clés

Outre les éléments d'architecture et ceux issus de la nature qui nous permettent de délimiter l'espace et de nous rendre compte que la scène a un lien avec les Enfers, les artistes ont mis en œuvre d'autres moyens de présentifier les Enfers grecs. Ici, nous verrons que les Enfers peuvent être perçus à travers des personnages clé, des divinités ou encore des figures symboliques.

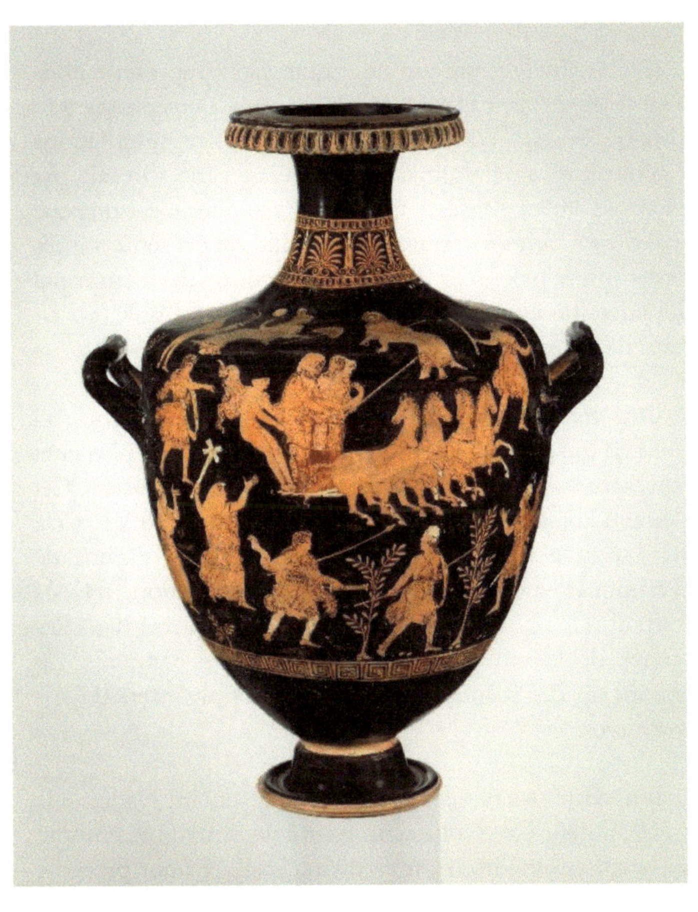

Fig. 2 - Hydrie, figures rouges,
Attribuée au groupe de B.M. F308., H. 75,6 cm. Vers
340-330 av. J.-C., The Metropolitan Museum of Art,
(07.128.1).

Hadès et Perséphone

On connaît aujourd'hui quelques représentations plausibles du dieu Hadès et de sa femme Perséphone. On note qu'il existe, en un nombre limité, des représentations du couple infernal dont la mise en scène varie. On sait, par exemple, qu'au Ve siècle av. J.-C., Perséphone est presque absente en tant que figure unique. Elle est présente sur les vases principalement sous sa fonction de compagne d'Hadès. Le couple peut ainsi être assis ensemble, ou en train de converser dans leur palais.

On remarque également l'apparition d'un nouvel élément qui permet d'identifier le dieu Hadès. Sur plusieurs représentations en effet, le dieu porte une *cornucopia*[31]. Cet élément apparaît avec cette divinité seulement au Ve siècle av. J.-C. On peut proposer un corpus d'une dizaine de céramiques ayant ce genre de représentation. Hadès portant une corne d'abondance peut se retrouver dans des scènes de la vie quotidienne comme des banquets, ou encore sur des scènes représentant le couple infernal dans leur union.

Il n'existe pas de scène « type » représentant Hadès et la corne, il peut être seul, accompagné de sa femme, entouré de héros ou même d'autres divinités. Rarement présente dans les textes[32], la corne d'abondance fait écho à certaines épithètes attribuées à Hadès dans l'Hymne homérique à

---

[31] <u>Cornucopia</u> : corne d'abondance.
[32] REYSER Thomas, « La corne d'abondance, d'Hadès à Tychè », *Deucalion et Noé*, 2017.

Déméter[33]. Cependant, il reste une récurrence dans les représentations : Hadès est toujours représenté avec sa chevelure épaisse et sa barbe noire.

Dans le détail d'une autre amphore attique à figures rouges[34], un homme avec une longue barbe et la chevelure noire porte avec son bras gauche une grande corne d'abondance. De son autre main, il tient un bâton. L'homme est coiffé d'une couronne de feuilles. Il semble interagir avec la femme devant lui. L'homme possède les mêmes "traits" que le dieu Hadès, on peut alors considérer que c'est bien le dieu qui est représenté ici.

On peut comparer cette figuration avec celle présente sur un autre contenant, une péliké[35] attique à figures rouges dite du peintre d'Oreste[36]. Sur la péliké se trouve une représentation d'un homme sur la gauche de la composition. Il a en mains une grande corne d'abondance d'où coulent possiblement des denrées ou de la richesse. L'homme à la chevelure et à la barbe noire et broussailleuse semble présenter la corne à la femme devant lui. Au regard de ses attributs, la femme représentée pourrait être Déméter, mère de Perséphone.

---

[33] Le chant est consacré à la douleur de Déméter face à l'enlèvement de sa fille Perséphone par Hadès.

[34] Amphore attique à figures rouges, v. 470 av. J.-C. Provenance- Italie. H. 28.9 cm, Diam. 16.2 cm. Musée du Louvre, aile Sully.

[35] Péliké : céramique qui servait à la conservation des denrées, caractérisée par sa panse et son embouchure large.

[36] Péliké attique à figures rouges du peintre d'Oreste, v. 450 av. J.-C., 26cm, Athènes, Musée National 16346, ARV 1113.11.

Ces représentations d'Hadès et sa corne d'abondance peuvent être mises en parallèle avec d'autres types d'images. Un changement majeur s'observe, cependant, à l'intérieur de la coupe : la position du personnage représenté. Cette attitude se retrouve, par exemple, sur la coupe attique à figure rouges dite du peintre de Codros[37].

Hadès semble accompagné de Perséphone, mais contrairement aux précédentes représentations mentionnées, il est ici représenté à demi allongé et accoudé sur une sorte de kliné[38]. Il tient grâce à son bras gauche une corne, dont l'apparence change quelque peu : ici on ne voit rien qui en dépasse. Dans son autre main, il s'est saisi d'une coupe qu'il présente à sa femme. Perséphone est assise en face de lui.

Sur cette même céramique, mais cette fois-ci sur l'extérieur, se trouve une longue frise représentant des individus, des dieux, lors d'un banquet. On retrouve une représentation d'Hadès et de Perséphone, presque dans la même position que pour l'image de l'intérieur de la coupe, cependant Hadès ne possède pas de corne mais une simple coupe et un sceptre. L'image est intéressante, car elle montre les divinités infernales parmi les autres divinités. Figurent ici les divinités de la mort qui se mélangent aux dieux des vivants.

Outre ce genre de représentation, il existe des images du couple infernal qui mettent l'accent sur la relation mouvementée entre Hadès et Perséphone. Nous

---

[37] 440-430 av. J.-C., Londres British Museum E82, de Vulci, ARV 1269,3.
[38] Kliné : lit ou canapé utilisé dans la Grèce ancienne pour dîner.

connaissons bien sûr l'épisode dit de l'enlèvement de Perséphone, relaté dans les textes, mais aussi représenté parfois sur des murs de sépultures. Cependant, peu de représentations sur céramique illustrant Hadès enlevant Perséphone qui nous sont parvenues. Les quelques représentations d'Hadès et Perséphone représentés sur leur char que nous trouvons aujourd'hui sont clairement différentes de celles précédemment citées : celles-ci montrent des effets de mouvement très bien orchestrés.

On dispose, pour illustrer ce fait, d'un vase apulien à figures rouges[39], avec un décor à deux niveaux, aussi connu sous le nom de *« Cratère de Perséphone »*. Ce qui nous intéresse ici, c'est la frise inférieure qui montre Hadès sur son char tiré par quatre chevaux, un quadrige donc. Une femme se trouve à ses côtés, portant la couronne de la reine des Enfers que nous avons pu mettre en avant précédemment. Ici, on perçoit l'animation de la scène à travers les drapés qui semblent voler au vent grâce à la vitesse du char, ainsi que par le lièvre qui est en plein élan à hauteur des chevaux.

Hadès regarde devant lui et se tient penché en avant alors que Perséphone semble détourner le regard, elle se détache de la posture d'Hadès. La scène représentée ici pourrait être l'épisode marquant du rapt de Perséphone. Les personnages, animaux et la végétation entourant le char nous indiquent que nous sommes encore dans le monde des vivants à ce moment-là. Il y a un bon traitement

---

[39] Cratère à volutes apulien à figures rouges, par le peintre des Enfers, v. 340 av. J.-C., H 86,5cm, Antikensammlung Berlin, compartiment XXIII, case 7.

des surfaces, des pointillés blancs suggèrent la présence d'un sol. La composition de l'ornementation de ce vase est intéressante car encore une fois, le couple infernal est représenté hors des Enfers et se mêle au monde des vivants. Nous pouvons mettre cette image en parallèle d'une autre scène du même thème[40] présente sur un vase à figures rouge de la fin du IVe siècle av. J.-C.

Sur cette nouvelle représentation le char reste un quadrige. L'ensemble de l'image est encadré par deux figures, celle à l'arrière semble être le dieu Hermès paré de son chapeau ainsi que de ses sandales ailées. Celle à l'avant est une femme brandissant la torche éleusinienne à quatre branches enflammées. Difficile de dire s'il s'agit d'Hécate ou bien de Déméter. Ici Hadès regarde sa femme qui l'accompagne, tandis que Perséphone baisse le regard. Il tient de sa main gauche toujours ce même sceptre surmonté d'un oiseau. Ici, la vitesse se perçoit grâce aux chevaux qui semblent être au galop, tandis que les drapés restent inanimés. On ne peut que supposer que la scène se passe encore dans le monde des vivants grâce, encore une fois, aux animaux présents, la végétation, et à la femme qui semble vouloir empêcher le char d'aller jusqu'aux Enfers.

Au travers de leurs représentations, Hadès et Perséphone servent donc quelques fois à amener la notion des Enfers dans le monde des vivants.

---

[40] Vase à figures rouges, fin IVe siècle av. J.-C., inconnu.

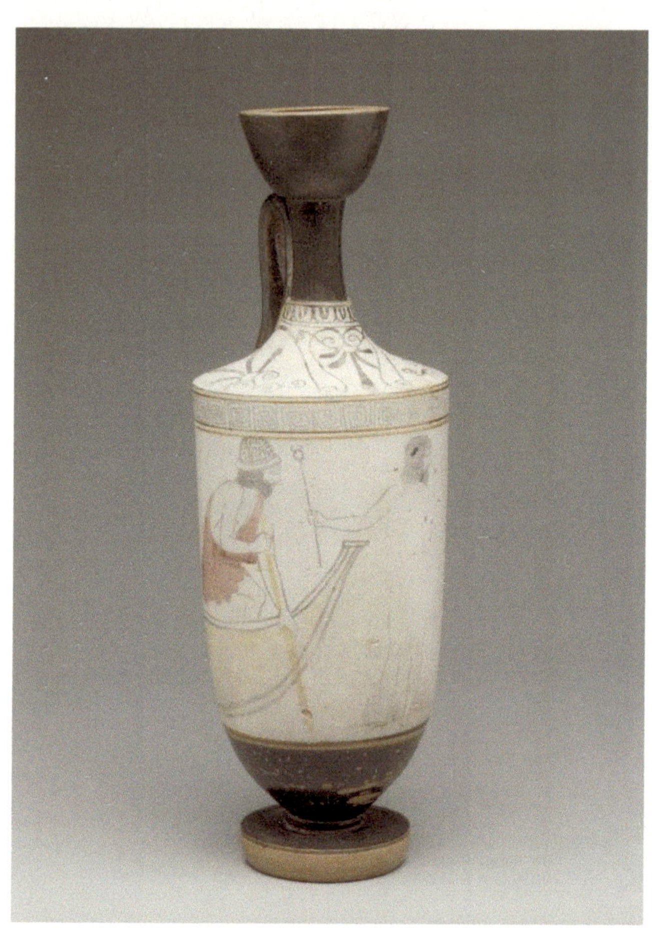

Fig. 3 – Lécythe à fond blanc,
Peintre du Sabouroff. Vers 450 av.J.-C., H. 31,6 cm,
The Metropolitan Museum of Art
(21.88.17).

Hermès psychopompe et Charon

Pour rendre intelligibles les différentes scènes liées aux Enfers, les peintres ont eu besoin de représenter plusieurs espaces. On en repère trois principaux : un qui symbolise l'au-delà, un autre qui symbolise le monde des vivants, et un dernier qui symbolise la liaison entre les deux.

À l'époque archaïque[41], seul Hermès sert de passeur vers l'au-delà. Son association avec Charon – le vieillard qui fait traverser le Styx, passage des Enfers, aux morts – est une nouveauté majeure du Ve siècle av. J.-C. C'est dans son rôle de *psychopompe*[42] qu'Hermès apparaît sur les vases le plus souvent funéraires. Il faut noter que ce dieu est toujours représenté avec son caducée comme sur le lécythe attique à figures rouges, dit du peintre de Tymbos et datant de 500-450 av. J.-C.[43], mais également sur un lécythe[44] attique provenant de Palermo. On le retrouve parfois casqué et avec ses bottes ailées.

L'identification de la fonction psychopompe d'Hermès se fait grâce au contexte de la scène. En effet, Hermès assure cette charge lorsqu'il y a une mise en scène du passage du mort vers les Enfers. Sur le lécythe du peintre

---

[41] Période allant environ du milieu du VIIIe siècle av. J.-C. À l'an 600 av. J.-C.

[42] <u>Psychopompe</u> : conducteur des âmes des morts.

[43] Lécythe attique à figures rouges sur fond blanc, 500-450 av. J.-C., peintre de Tymbos, Jena, Friedrich-Schiller-Universitat (338).

[44] Lécythe attique à figures rouges sur fond blanc, 475-425 av. J.-C., Palermo, Palazzo Branciforte.

de la Phiale [45], Hermès est assis sur un rocher, vraisemblablement au bord du Styx. Il est casqué et porte son caducée dans sa main gauche. Il est représenté jeune et barbu, porte un manteau et un chapeau qui n'a pas la forme habituelle du *pétase*[46], mais on parvient à le reconnaître. Il tend sa main droite vers la défunte en face de lui, qui se prépare pour son passage aux Enfers.

Concernant la scène figurée sur le péliké du peintre de Lykaon [47], Hermès assiste au passage vers les Enfers, représentés par de nombreux rochers, plantes, et par une bête à deux têtes dormant en arrière-plan derrière les rochers. Ici Hermès est représenté avec son casque et ses bottes ailées ainsi que son *caducée*[48]. Cette représentation du dieu diffère de celles vues précédemment, car elle n'est pas issue du même type de production : il s'agit ici d'un décor de péliké et non de lécythe funéraire.

Nous avons quelques représentations d'Hermès passeur d'âmes sur des céramiques, principalement des lécythes à fond blanc, à vocation funéraire. Dans la plupart des images où apparaissent Hermès et/ou Charon, c'est le passage en tant que transition du monde des vivants au monde des morts qui est mis en évidence. On remarque

---

[45] Lécythe étrusque a fond blanc, peintre de la Phiale, 450 av. J.-C., Hermès au bord du Styx Staatliche Antikensammlungen, Munich (6248).

[46] <u>Pétase</u> : chapeau rond à bords larges, souple et plat. / Coiffe portée par les voyageurs grecs.

[47] Péliké attique, figures rouges, peintre de Lykaon, Boston, Museum of Fine Arts (34.79, ARV 1045,2).

[48] <u>Caducée</u> : un des attributs du dieu Hermès, baguette de bois surmontée de deux ailes et entourée de deux serpents entrelacés.

qu'Hermès a souvent un geste familier et bienveillant envers le défunt, il le tient par le bras[49] ou la main. Il peut aussi tendre la main vers le défunt pour l'encourager à franchir le pas. Parfois, un contact visuel qui se veut sans doute rassurant est représenté. Hermès psychopompe interagit directement avec la figure humaine, il assure la liaison entre le monde des vivants et l'entrée des Enfers dans ces représentations, tant d'une façon visuelle qu'effective.

Sur les lécythes à fond blanc, ce que nous allons ici étudier principalement, Charon apparaît vers 460 av. J.-C. avec le travail du peintre du Tymbos [50]. Charon est représenté comme un homme d'âge mûr, barbu et se tient debout sur sa barque, avec une perche dans ses mains comme sur un lécythe à fond blanc dit du peintre du Sabouroff[51]. Accompagnant le changement de la figure de Charon, les *eidola*[52], âmes volantes, ont tendance à ne plus être représentées. L'âme du mort est représentée comme une chose vivante, anthropomorphe[53].

Il semble que la représentation a connu une lente évolution esthétique. Sur certaines œuvres on peut observer le défunt, représenté en plus des âmes qui volent

---

[49] Lécythe attique à fond blanc, peintre de Thanatos, 440 av. J.-C., Munich, Antikensammlungen 2777, ARV 1228.11.

[50] Lécythe attique à figures rouges sur fond blanc, 500-450 av. J.-C., peintre de Tymbos, Jena, Friedrich-Schiller-Universitat (338).

[51] Lécythe à fond blanc, peintre du Sabouroff, période classique, Metropolitan Museum of Art, New York 21.88.17.

[52] <u>Eidolon</u> (sing.) : image spirituelle ou illusoire d'une personne vivante ou morte. Ombre des morts dans l'Hadès. *Odyssée*, XI, 476.

[53] <u>Anthropomorphe</u> : qui a la forme d'un corps humain ou une apparence humaine.

autour de lui [54]. Au Ve siècle av. J.-C. on assiste à la croissance du rôle de Charon et de l'espace dans lequel il évolue : le Styx. Concernant les représentations de Charon et Hermès, on remarque qu'au fil du temps la composition des images reste stable : Charon se tient dans sa barque, debout, toujours représenté d'un côté de l'image, mais jamais au centre [55]. Il est sur le point d'accoster ou est déjà arrivé sur la rive. Sur certaines représentations il peut tendre la main pour accueillir le défunt comme sur le lécythe attique à figures rouges daté de 450-400 av. J.-C. Au milieu de la composition se trouve Hermès, qui encourage le défunt à suivre Charon. Le défunt est généralement représenté à la droite du passeur. Ce dernier revêt presque toujours l'*exomis*[56] et le *pilos*[57], mais les traits de son visage changent parfois. Il peut paraître rude, vieux, laid, barbu ou non.

Dans ce genre de représentations funéraires, les différentes sphères sont mises en contact : divinités, vivants et morts peuvent figurer au même plan. Les figures de Charon et Hermès ont chacune en charge un aspect spécifique du passage vers le monde des morts, et la combinaison de leur présence sur les vases rend leur intervention plus efficace. De plus, les éléments figurés comme les rochers, la barque et autres, servent à

---

[54] Lécythe attique à figures rouges sur fond blanc, 475-425 av. J.-C., peintre du Sabouroff, Athènes, National Museum CC1668.

[55] Lécythe du peintre de Thanatos de Munich et lécythe attique à figures rouges sur fond blanc, 450-400 av. J.-C., localisation inconnue.

[56] Exomis : tunique courte servant en général de tenue de travail, utilisée par les marins, les soldats, et les ouvriers.

[57] Pileus / Pilos : couvre-chef commun dans la Grèce antique fait en feutre ou en cuir.

caractériser le lieu de l'action, c'est à dire les abords du fleuve Achéron, qui mène au Styx et aux Enfers.

Dans les images représentées sur les lécythes, le monde des morts n'est donc jamais explicitement représenté, il est seulement suggéré par quelques détails caractéristiques comme les figures d'Hermès, Charon, les âmes volantes, le défunt, ainsi que les objets et éléments de décor représentés (eau du Styx, rochers, plantes et, surtout, la barque de Charon).

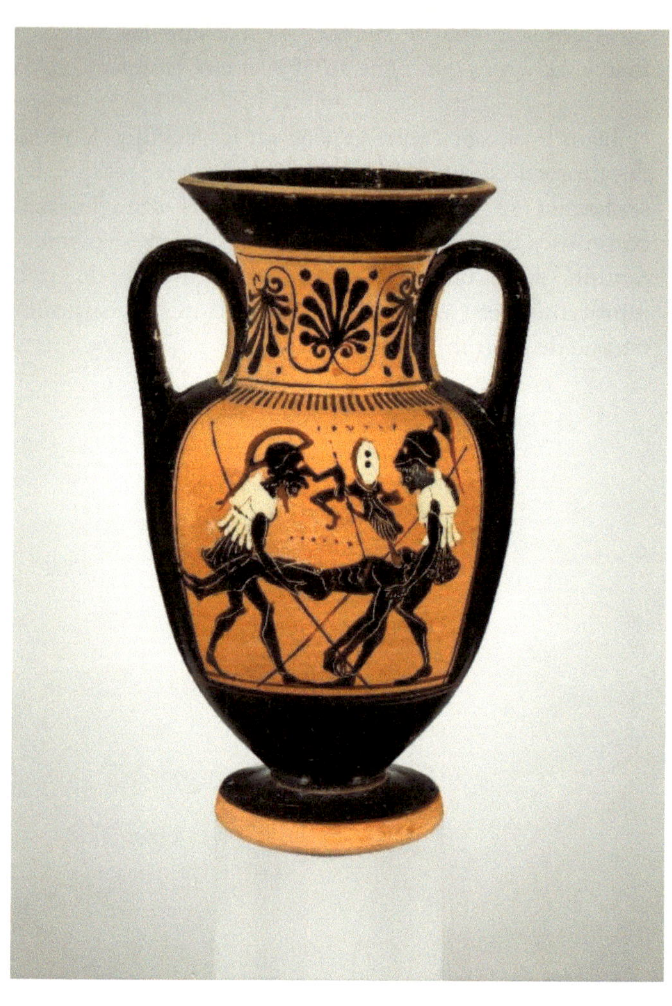

*Fig. 4 – Amphore à figures noires,
Peintre du Diosphos. Vers 500 av.J.-C., H. 18,3 cm,
The Metropolitan Museum of Art
(56.171.25).*

Hypnos et Thanatos

Thanatos est la personnification de la *Mort*, et Hypnos son frère jumeau est quant à lui, la personnification du *Sommeil*. On retrouve des représentations de ces jumeaux sur des lécythes à fond blanc, vu que le thème a une forte connexion avec la mort et donc le monde funéraire.

Sur ces images, on remarque que les divinités jumelles sont représentées telles des jeunes hommes, avec la chevelure noire, et parfois une barbe [58] . Suivant les représentations, ils sont pourvus d'ailes, plus ou moins marquées. Sur le lécythe attique à figures noires du peintre Himon et daté de 500-450 av. J.-C.[59], Hypnos et Thanatos semblent être habillés d'un pagne dont on distingue les drapés contrairement à l'image des hommes représentés sur le lécythe du peintre de Thanatos de Londres daté de 440 av. J.-C., qui sont représentés nus.

Les artistes ont su tirer profit de la technique sur fond blanc afin de mettre en avant la couleur des corps et des cheveux. Le corps du mort est laissé blanc, tandis que la peau des porteurs est plus beige. Hypnos et Thanatos sont en charge de transporter le mort généralement vers l'Hadès. L'espace de ce lécythe de Londres est délimité par une sorte d'autel ou de monument sur lequel se trouve un casque de guerrier. Cet élément de décor, placé en arrière-plan, est parfois perçu comme une stèle funéraire. Dans ces représentations, il est sous-entendu que la personne

---

[58] Lécythe, peintre de Thanatos, v. 440 av. J.-C, Londres, British Museum, vase D 56.

[59] Lécythe attique à figures noires du peintre Himon et daté de 500-450 av JC (Frankfurt, Liebieghaus 532).

portée est donc morte et non endormie, cependant les divinités Hypnos et Thanatos portent le personnage à deux. La figure soulevée est-elle donc emportée en premier par la mort ou par le sommeil ? Voilà une question intéressante.

L'œuvre la plus célèbre représentant Hypnos et Thanatos nous étant parvenue est un cratère en calice[60] à figures rouges signé Euphronios et qualifié généralement de *« cratère d'Euphronios »* voir de *« cratère de Sarpédon »*[61]. Sur une des faces de ce cratère est représenté un sujet homérique majeur : Hypnos et Thanatos enlevant le corps de Sarpédon, un des fils de Zeus et d'Europe. Les figures divines jumelles sont armées en hoplites[62] et dotées d'une grande paire d'ailes. Ils sont représentés barbus, en homme mûr. Les jumeaux sont en train de soulever le corps du prince lycien[63] Sarpédon et de l'extraire du champ de bataille de la guerre de Troie[64]. Le corps de l'homme présente des blessures profondes et le sang coule. Ici, Hermès porte le *pétase* ainsi que le *caducée* et est présent en tant que *psychopompe*. Contrairement à la scène écrite dans les textes, ici c'est donc ce dernier qui demande à emporter le corps et non Apollon. De part et d'autre de la scène se trouvent les Troyens Léodamas et Hippolytos. Les figures peuvent être facilement identifiées car leurs noms sont

---

[60] Calice : vase à boire, de formes diverses.

[61] Cratère en calice attique à figures rouges signé par le peintre Euphronios et par le potier Euxithéos. v. 510 av. J.-C., NY, Metropolitan Museum 1972.11.10 Beazley Addenda.

[62] Hoplite : soldat fantassin grec.

[63] Lycie : région antique située sur la côte méditerranéenne, au sud-ouest de l'actuelle Turquie. Sarpédon y fonda la ville de Milet.

[64] Guerre de Troie : 1260 -1180 av. J.-C.

inscrits sur le support. Sarpédon est nu et ne porte que ses jambières. Chaque trophée de guerre est bon à prendre et le Grec Patrocle, après avoir tué Sarpédon, en a profité pour le dépouiller de son armure et de ses armes[65].

Les représentations d'Hypnos et Thanatos portant un défunt sont assez variées. Hypnos et Thanatos se font généralement face. La terreur de la mort ne se lit pas dans ces scènes figurées. On parle généralement de « Belle mort »[66] dans ces cas-là. Une ligne de sol permet de poser un cadre spatial à la scène. Encore une fois, la mort est sous-entendue dans ces représentations. Ce sont les figures d'Hermès accompagné des jumeaux ailés et d'un défunt, autrement dit le contexte de la scène, qui nous permettent d'y déchiffrer la mort.

Au final, nous avons vu que cette identification, cette perception des Enfers est également possible grâce aux figures divines clés liées aux Enfers. Les artisans ont ainsi mis en images le couple infernal composé d'Hadès et de Perséphone, mais aussi les divinités qui ont pour rôle d'assurer le passage des âmes du monde des vivants au monde des morts. Enfin, les Enfers peuvent se voir à travers les figures divines d'Hypnos et Thanatos, personnifications du sommeil et de la mort. Les Enfers sont dans ces cas-là sous-entendus, mais toutes ces figures permettent d'établir un lien direct avec les Enfers.

---

[65] Vers 666-675 du chant XVI de l'*Iliade*. Homère.
[66] VERNANT Jean-Pierre, « La belle mort et le cadavre outragé », *La mort, les morts dans les sociétés anciennes*, éditions de la Maison des sciences de l'homme, Cambridge University Press, 1990.

CHAPITRE IV

Les Enfers : une histoire de monstres

Au début du VIIe siècle av. J.-C. déjà, apparaissent en image sur la céramique grecque des monstres issus des récits oraux. Certains d'entre eux, comme Cerbère ou encore les Gorgones, deviennent des figures à part entière de l'imagerie infernale. Le symbole monstrueux a pu être utilisé dans la représentation du divin car l'image monstrueuse permet à l'esprit d'accéder à un autre univers de représentations. L'image du monstre sert à relancer le regard vers l'invisible. Il faut noter que l'image rassemble une pluralité de significations en une configuration symbolique. La monstruosité, elle, peut faciliter la connaissance et la compréhension du concept, car elle n'introduit pas d'illusion ; elle ne cherche pas à figurer une personne.

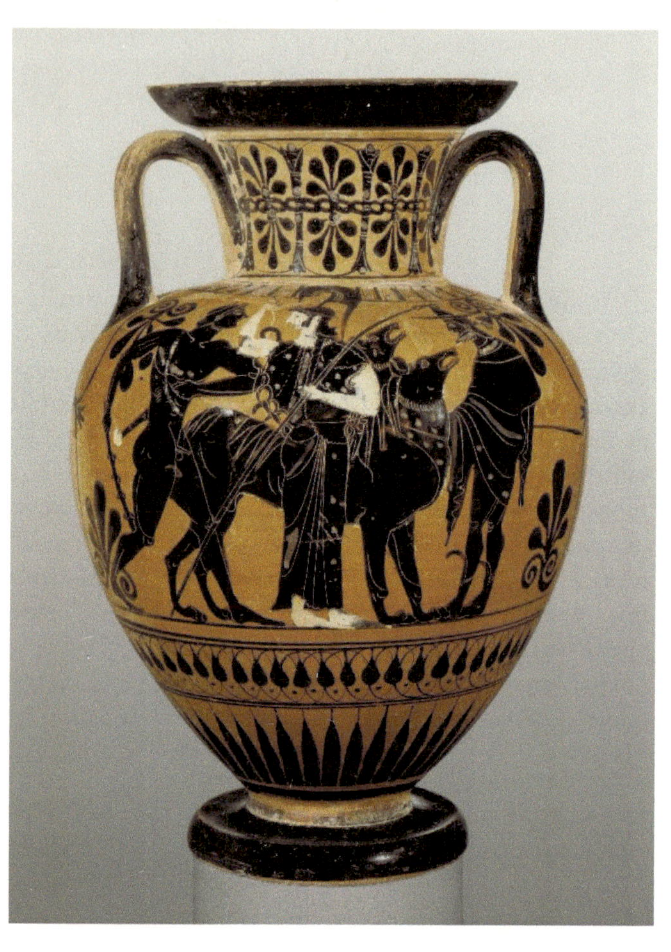

*Fig. 5 – Amphore attique à figures noires, H. 30,2
cm. Vers 525-475 av. J.-C., groupe Leagros, Malibu,
The J. Paul Getty Museum
(86.AE.80).*

Cerbère

De ses douze travaux, Héraclès/Hercule dut comme tâche finale, ramener à Mycènes Cerbère le chien des Enfers. Dans les textes, ce dernier se présentait sous les traits d'un chien à trois têtes, muni d'une queue de serpent et doté de plusieurs têtes de serpent sur le dos. Cerbère qui était omniprésent sur les représentations archaïques, disparaît quasiment au Ve siècle av. J.-C. Il était alors plus particulièrement associé à la *catabase*[67] d'Héraclès.

Cependant la descente aux Enfers d'Héraclès ne demeure plus un des thèmes privilégiés pendant l'époque classique. À partir de 500 av. J.-C., on voit l'affaiblissement des peintures à figures noires, ainsi qu'un déclin de l'intérêt porté aux exploits d'Héraclès et leur représentation sur des céramiques. Sur 105[68] vases à figures noires qui évoquent l'au-delà ou bien un personnage infernal, 76 représentent la capture de Cerbère par Héraclès. Athéna leur est associée 38 fois et Hermès 49. On remarque ainsi que les peintres de céramiques ne sont pas assujettis à un modèle unique.

Il est intéressant de noter que sur des œuvres non attiques, outre les représentations de Cerbère seul[69], la plupart des scènes le représentent après sa capture par Héraclès. Les figures présentes sont mouvantes, ce qui laisse alors penser qu'Héraclès tente de s'échapper des

---

[67] Catabase : désigne la descente aux Enfers de dieux et de héros.

[68] REYSER Thomas, *Discours et représentations de l'Au-delà dans le monde grec*, 2011.

[69] Coupe laconienne à figures noires, v. 575-525 av. J.-C., collection privée, Pipili 5#12

Enfers avec le monstre. Cerbère peut s'orienter tant vers la gauche que vers la droite. Il est en général pourvu de deux têtes, avec parfois des excroissances en forme de serpents. Il peut aussi être représenté avec trois têtes comme sur la coupe laconnienne mais également sur une hydrie [70] ionienne à figures noires provenant de la cité étrusque Cerveteri datée de 530-520 av. J.-C. et présente au Louvre. On remarque qu'Héraclès obtient de lui sa reddition sans avoir à combattre, il se contente de le prendre à l'aide d'une chaîne.

Héraclès est un des personnages mythologiques le plus célèbre des figures noires athéniennes, probablement car il était le protégé d'Athéna, déesse poliade [71] de la cité d'Athènes. Sur ces vases, il apparaît souvent barbu, vêtu d'une peau de lion comme sur l'hydrie ionienne à figures noires se trouvant au Louvre, avec les pattes parfois nouées en travers de la poitrine ou coincées par une ceinture. En dessous il porte une tunique courte ou un *chiton*[72]. Il peut être également nu, dans sa jeunesse[73], et rarement en hoplite mais jamais avec un casque. On constate que, le plus souvent, il porte une massue[74].

---

[70] <u>Hydrie</u> : vase grec possédant trois anses, deux latérales et une à l'arrière, qui servait principalement pour transporter de l'eau.

[71] <u>Divinité poliade</u> : divinité protectrice d'une cité grecque.

[72] <u>Chiton</u> : dessous porté pendant l'antiquité en Grèce. / Sorte de chemise longue.

[73] Amphore attique à figures noires, 525-475 av. J.-C., groupe Leagros, Malibu, The J. Paul Getty Museum 86.AE.80.

[74] Amphore attique à figures noires, VIe siècle av. J.-C., Berlin, Antikensammlung F1828.

Concernant l'action qu'illustrent ces images, on s'aperçoit qu'il existe plusieurs cas de figure. Sur de nombreux vases, Héraclès tient Cerbère en laisse, et le gardien des Enfers tente de se débattre (visible sur l'amphore à figures noires attique du peintre « long-noze »[75] et datée de 550-500 av. J.-C., mais aussi sur l'amphore attique à figures noires datée de 510 av. J.-C. en provenance de Camiros (Rhodes), conservée au musée du Louvre). Les mouvements de tête suggèrent une action violente, accentuée par le mouvement de bras d'Héraclès avec sa massue tenue en l'air.

Sur d'autres scènes, Héraclès tente d'amadouer Cerbère en lui tendant la main. On peut observer cette tendance sur une amphore du peintre d'Andokides[76] mais également sur une amphore attique à figures noires du groupe Léagros provenant de Cerveteri et étant datée de 520 av. J.-C.[77] et sur une hydrie attique à figures noires datée de 550-500 av. J.-C.[78]. Dans ces cas-là, la scène semble plutôt paisible. Et des scènes sans violence, il y en a un grand nombre. On peut également citer comme exemple une amphore attique à figures noires du peintre de Diosphos[79] qui montre un Hadès assis sur son trône dans son palais mais qui ne semble pas du tout réagir face à l'enlèvement de son chien infernal, alors que la scène se passe sous ses yeux. On

---

[75] Amphore à figures noires attique du peintre « long-noze » et datée de 550-500 av. J.-C., de Vulci, peintre « long-nose », Wurzburg, Universitat, Martin von Wagner Mus. 203.

[76] Amphore de type A du peintre d'Andokides, à figures rouges, Paris, Louvre, F204 provenant de Vulci. ABV 254,1.

[77] Rome, Vatican 372, ABV 368.107.

[78] Boston, Museum of Fine Arts 28.46.

[79] 525-475 av. J.-C., NY Metropolitan Museum 41.162.178.

observe cette même absence de préoccupation sur une amphore attique à figures rouges dite du peintre de Munich[80] où celle qui semble être Perséphone, tend le bras vers Héraclès comme pour lui donner la permission d'emmener Cerbère hors des Enfers.

Dans ces représentations, la mise en espace s'avère très importante. Dans chaque scène le cadre spatial est délimité soit par le palais d'Hadès, par une ligne de sol, des effets de végétation ou par des éléments de décor qui se réfèrent aux Enfers. On note que, le plus souvent, le palais d'Hadès est peint sur la droite de la composition, et plus rarement à gauche. Il arrive que Cerbère soit représenté encore à moitié dans le palais d'Hadès qui symbolise les Enfers. Sur ces images, Cerbère franchit le dernier pas qui sépare le monde des vivants de celui des morts. Il n'est pas rare d'avoir la présence d'Hermès pour ces représentations, afin que le « passage » d'un monde à l'autre se réalise correctement[81].

---

[80] 525-475 av. J.-C., de Vulci, Munich, Antikensammlungen 2306.
[81] CHAZALON Ludi, *Héraclès, cerbère et la porte des Enfers dans la céramique attique*, 1995.

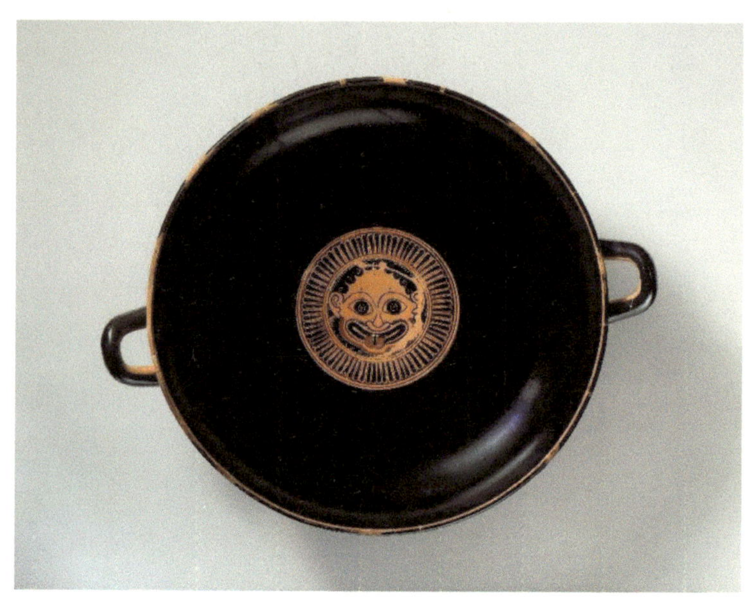

*Fig. 6 – Kylix à figures noires, H. 15,9 cm. Vers 530
av. J.-C., signé par le potier Nikosthenes, The
Metropolitan Museum of Art,
(14.136).*

Les Gorgones

Les Gorgones [au singulier, Gorgone ou Gorgô] sont connues pour être des créatures mythologiques dont le regard a le pouvoir de pétrifier les personnes qui les regardent. Si la majorité des gens ont retenu le nom de Méduse, elles sont en réalité trois : Méduse, la plus célèbre et la seule à être mortelle, Euryale et Sthéno, toutes deux immortelles.

Les auteurs antiques donnent plusieurs versions de l'histoire des Gorgones. Homère dans l'*Odyssée* ne fait mention à proprement parler que d'une seule gorgone et non trois, habitant l'Hadès. D'une autre manière, il parle d'elles comme étant des monstres infernaux. D'après Virgile, après la défaite de Méduse, les deux autres Gorgones partirent habiter près des portes de l'Enfer. Le mythe couché sur papier par Pierre Grimal[82] évoque une légende : le sang pris sur le côté droit d'une gorgone peut redonner la vie tandis que le sang prélevé du côté gauche constitue un poison fatal.

Sur la céramique grecque, on peut mettre en avant deux types de représentation des Gorgones. La première est ce que l'on appelle la figure du *gorgonéion*[83], une tête de gorgone représentée généralement au centre de l'intérieur des coupes. Retrouvé plusieurs fois sur des objets de la vie quotidienne, le *gorgonéion* n'est en réalité jamais décrit dans

---

[82] GRIMAL Pierre, *Dictionnaire de la mythologie grecque et romaine*, Paris, Presses universitaires de France, coll. « Grands dictionnaires », 1999.
[83]Gorgonéion : représentation de la tête d'une Gorgone, généralement Méduse, toujours de face, sculptée ou gravée dans la pierre, ou encore dessinée.

les sources textuelles anciennes. On retrouve cette figure plus rarement sur la panse des vases.

La figure a toujours la même composition : on observe une grosse tête ronde, avec une bouche immense, des dents longues comme des crocs d'animal et qui tire toujours la langue [84]. La chevelure remplit l'espace sphérique au centre de la coupe[85]. La figure apparaît souvent barbue, mais cette caractéristique disparaîtra lorsque que le mythe des Gorgones sera associé à celui de Persée[86]. À partir du Ve siècle av. JC, le *gorgonéion* va petit à petit perdre son aspect terrifiant, tout en conservant la langue et les dents apparentes. La barbe quant à elle disparaît et les serpents sont le plus souvent changés en boucles[87].

Le deuxième type d'images nous présente des Gorgones fuyantes et courant dans lesquelles on distingue leurs deux grandes ailes – comme sur le lécythe à figures noires daté de 550-500 av. J.-C. entreposé au cabinet des médailles à Paris[88] – et parfois quatre, ainsi que leurs pieds crochus[89]. Sur ces scènes de course, les Gorgones prennent une apparence entière et hybride, à la fois humaine et monstrueuse. Elles sont ici anthropomorphes et portent

---

[84] Coupe attique à figures noires, 550-500 av. J.-C., Copenhagen, Ny Carlsberge Glyptothek 3385.

[85] Coupe attique à figures noires, 550-500 av. J.-C., Munich, market, Gorny & Mosch.

[86] « La décapitation de Méduse », *Théogonie* d'Hésiode.

[87] Hydrie attique à figures rouges, 500-450 av. J.-C., Étrurie, Londres, British Museum E180.

[88] N°277.

[89] Amphore attique à figures noires, 550-500 av. J.-C., de Vulci, Munich, Antikensammlungen, 1555.

des vêtements basiques. Il est également intéressant de mettre en avant le fait que sur ces céramiques peintes, les Gorgones ont le visage tourné vers le spectateur – et gardent le corps de profil – ce qui est rare. Dans les scènes de fuite, les Gorgones sont principalement au nombre de trois, et sont poursuivies par Hermès et Athéna [90]. Cependant, il existe des représentations où une seule Gorgone est représentée en train de courir [91] et non la triade.

Méduse est désignée comme la gardienne des Enfers chez Hésiode [92]. D'après J.-P. Vernant [93], la figure de la Gorgone a pour fonction de traduire « *l'extrême altérité, l'horreur terrifiante de ce qui est absolument autre, l'indicible, l'impensable, le pur chaos* ». Et « *Regarder Gorgô dans les yeux, c'est se trouver nez à nez avec l'au-delà dans sa dimension de terreur* ». Cette appartenance de la Gorgone au monde des morts « *explique la présence de têtes de gorgones sur des* monuments funéraires *même si cette représentation avait aussi une valeur apotropaïque[94] visant à éloigner les mauvais desseins des détrousseurs de morts* ».

---

[90] Skyphos attique à figures noires, de Capoue, 525-475 av. J.-C., Londres, Market, Christie's.

[91] Coupe attique à figures noires, 575-525 av. J.-C., Oxford Ashmolean Museum 1965.120.

[92] *Théogonie*, Hésiode.

[93] VERNANT Jean-Pierre, *La Mort dans les yeux - Figures de l'Autre en Grèce ancienne. Artémis, Gorgô*, 1985.

[94] <u>Apotropaïque</u> : qui conjure le mauvais sort, vise à détourner les influences maléfiques.

CHAPITRE V

Ressenti des Enfers : le châtiment divin

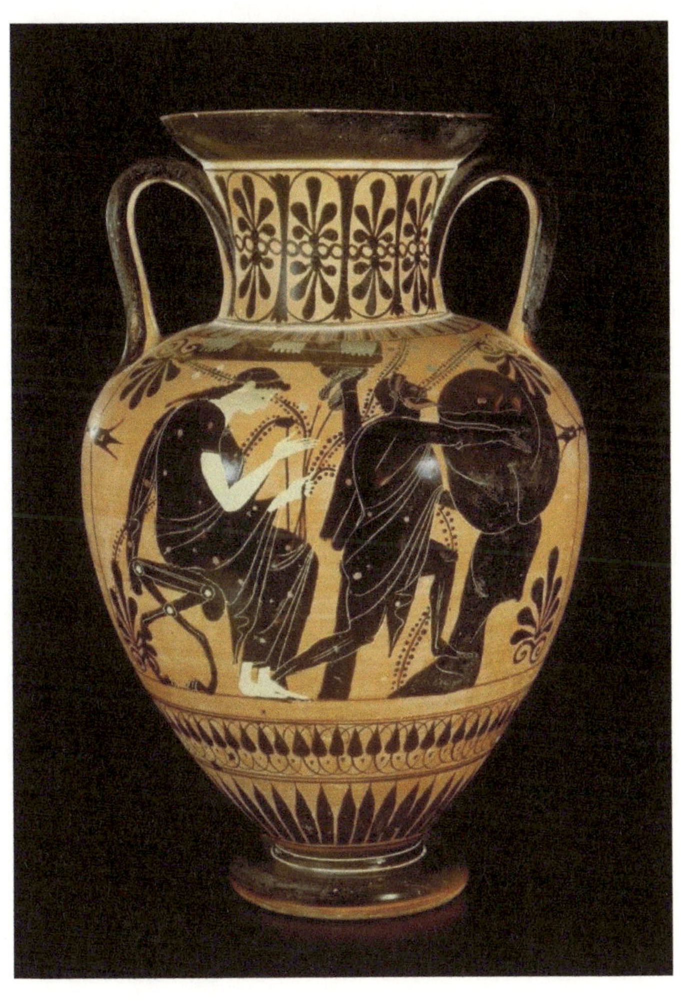

*Fig. 7 – Amphore attique à figures noires, de Vulci,
H. 42,5 cm. Vers 510-500 av. J.-C., groupe Leagros,
Leiden, Rijksmuseum van Oudheden,
(PC 49).*

L'exemple de Sisyphe

Le châtiment dans l'Antiquité n'est pas seulement un acte social ou politique sur les corps mais également sur les esprits. Les représentations de ces pratiques importent autant que le châtiment en lui-même. L'apparence physique d'un individu est le reflet de sa place dans la communauté, et les châtiments apparaissent en fait comme une volonté de corriger le corps et ses attitudes et, par conséquent, l'âme.

Ces châtiments exemplaires sont les fruits d'un acte contre l'ordre naturel du monde et constituent donc avant tout des messages adressés aux vivants. Comme ces châtiments exemplaires et divins sont prononcés par les dieux, ils sont destinés à encadrer le comportement humain[95].

Sisyphe, fils d'Éole et Anarété, épousa la Pléiade Mérope et fonda la citadelle d'Ephyra, actuelle Corinthe, au sommet de la colline de l'Acrocorinthe. Il équipa la citadelle d'une tour de guet, d'où il fut le malheureux témoin de l'enlèvement d'Égine par Zeus. En effet, voulant amener la jeune fille à Oenoé - une naïade et une de ses nourrices - Zeus dut passer par Corinthe, et Sisyphe du haut du guet assista à la scène. Le père d'Égine, Asopos, dieu-fleuve, vint à Corinthe pour la retrouver et tomba sur Sisyphe qui accepta de lui révéler des informations en échange d'une source d'eau inépuisable. Asopos approuva le marché et Sisyphe lui raconta ce qu'il avait vu.

---

[95] REYSER Thomas, « Discours et représentations de l'Au-delà dans le monde grec », *Archéologie et Préhistoire*, Université Paris-Est, 2011.

Au courant de cette trahison, Zeus ordonna à Hadès d'amener Sisyphe au Tartare[96] et de le condamner à un châtiment éternel pour avoir divulgué un secret divin. Ne se laissant pas faire, Sisyphe attendit l'arrivée de l'envoyé d'Hadès, Thanatos, et par ruse réussit à le faire prisonnier. Thanatos ne pouvant plus récupérer des âmes pour les Enfers, les dieux demandèrent à Arès, dieu de la guerre, d'aller le délivrer et dans le même temps de conduire Sisyphe auprès du dieu des Enfers pour y recevoir sa punition.

Intelligent, Sisyphe rusa une nouvelle fois : il demanda à sa femme Mérope de ne pas lui créer de sépulture ni de lui faire d'offrande. Lorsqu'il arriva enfin aux Enfers, escorté par Arès, Sisyphe s'empressa d'aller parler à Perséphone et lui annonça que n'ayant pas de sépulture dans le monde des vivants, il ne pouvait pas se trouver dans le royaume d'Hadès, mais aurait dû être conduit sur l'autre rive du Styx. Il déclara alors qu'il pouvait régler le problème en retournant dans le monde des vivants demander à sa femme de l'enterrer. Grâce à ce stratagème, il parvint à revenir dans le royaume des vivants, mais au lieu de faire ce qui était convenu, Sisyphe en profita pour regagner sa liberté. Finalement, Hermès le ramena de force auprès de ses juges.

Sisyphe reçut un châtiment exemplaire. Les juges des Enfers lui montrèrent un énorme rocher et lui ordonnèrent de le faire rouler et de remonter la pente jusqu'au sommet

---

[96] <u>Tartare</u> : endroit le plus sombre des Enfers, lieu où les criminels reçoivent leur punition.

d'une colline du Tartare[97], puis de le rejeter de l'autre côté pour qu'il retombe. Cependant, il n'y parvient jamais : dès qu'il est près d'atteindre le sommet, le châtié est rejeté en arrière sous le poids de l'énorme rocher, qui retombe tout en bas. Et, là, Sisyphe le reprend péniblement, et recommence son ascension infernale.

En Grèce à l'époque archaïque, le mythe de Sisyphe connaît une certaine popularité. Sur des vases attiques majoritairement à figures noires et à partir du VIe siècle av. J.-C., Sisyphe est fréquemment figuré en présence de personnages en relation avec l'entrée ou la sortie des Enfers. Ce sont les mêmes personnages liés aux Enfers que nous retrouvons toujours : il y a des représentations où Hermès paraît très expressif[98], faisant des signes de la main aux individus alentours, ou tendant une main vers Sisyphe.

On retrouve également Cerbère le chien de garde des Enfers [99] , présent seulement sur certaines scènes représentées aux portes des Enfers. On note qu'il y a des personnages récurrents dans les représentations du supplice de Sisyphe. En effet, Perséphone la reine des Enfers, est fréquemment représentée dans le cadre de l'exécution de la punition divine[100]. Il faut également noter que dans ce genre d'illustration, elle possède un attribut

---

[97] Voir *L'Odyssée* d'Homère.

[98] Amphore attique à figures noires, groupe Leagros, 550-500 av. J.-C., Londres, British museum, B261.

[99] Amphore attique à figures noires, 500-450 av. J.C., peintre du Kleophrades, St. Louis, Gay H. Cone.

[100] Amphore attique à figures noires, 550-500 av. J.-C., peintre d'Acheloos, Munich, Antikensammlungen, 1549.

spécial : elle porte généralement un bouquet d'épis[101]. Ces derniers se réfèrent probablement à l'origine de Perséphone, qui est la fille de Déméter, déesse de l'agriculture et des moissons. Ici se crée dont une nouvelle fois un lien entre les Enfers et la surface.

Le calvaire se Sisyphe est visible sur ces représentations : la scène peinte montre le moment même où la pierre atteint le sommet de la colline et est vouée à retomber (ici les peintres ont plutôt représenté une sorte de saillie de terre de taille moyenne). Sisyphe est parfois représenté vêtu d'une toge qui couvre son corps, parfois nu, avec seulement une bande de tissu passée par-dessus l'épaule.

Sur certaines représentations nous retrouvons l'architecture infernale évoquée au début de cet essai. Le temple d'Hadès est placé de profil, ne dessinant qu'une ou deux colonnes. Les représentations concernées nous montrent parfois Hermès et Cerbère sous le temple symbolisant les portes de l'Enfer, tandis que d'autres fois, c'est Perséphone qui se trouve sous le temple, assise sur une sorte de siège *curule*[102]. Les autres représentations nous montrent des scènes « d'extérieur ». Il n'est alors plus possible de savoir où se déroule la scène : l'architecture infernale n'est plus présente.

On remarque que dans ce cas de supplices exemplaires, le condamné n'est jamais représenté seul, il y a toujours du « public ». La présence de figures liées aux Enfers ne fait

---

[101] Ibidem.

[102] <u>Siège curule</u> : siège bas dont le piétement est en forme de X, particulièrement apprécié par les Romains.

qu'accentuer le côté infernal du supplice divin. Les représentations en elles-mêmes expriment la volonté de montrer ces suppliciés comme des exemples dissuasifs pour les Grecs. Ces images sont faites pour être vues et marquer les esprits.

CONCLUSION

Les Enfers sont très importants pour les Grecs ; ils font partie de leur vie et de leurs croyances, particulièrement pour celles liées à la mort. Invisibles aux yeux des humains, ils ont pourtant été imaginés et représentés à maintes reprises. Pourtant, il est important de noter que l'au-delà n'est jamais représenté pour lui-même. Nous en concluons que les Enfers en tant que tels sont, la plupart du temps sous-entendus dans les représentations.

Sur les images peintes que nous pouvons observer sur de nombreuses céramiques, les Enfers se traduisent en réalité, principalement par la présence du couple infernal, composé des divinités Hadès et Perséphone. L'espace infernal peut également se percevoir et se deviner grâce à des éléments d'architecture comme le palais d'Hadès. D'autres figures comme Hermès, Charon, Hypnos et Thanatos sont toutes aussi liées de près ou de loin à la mort et par extension aux Enfers. Leur présence sur certaines représentations peut nous permettre de comprendre la scène et les sous-entendus.

Les Enfers peuvent aussi se faire ressentir à travers des monstres infernaux comme Cerbère, le gardien des Enfers, ou encore les Gorgones, créatures monstrueuses et effrayantes. Outre les aspects précédemment cités, les Enfers se perçoivent dans les représentations des suppliciés, condamnés à des châtiments exemplaires, à des punitions divines.

On comprend pourquoi les Grecs ont eu besoin de mettre une image sur une notion qui leur était invisible. Ces scènes leur servaient à éduquer en masse, à déclencher des débats, des discussions, et le fait de les représenter sur des céramiques permettait sans aucun doute de propager ces scènes infernales et d'étendre leur impact.

~

BIBLIOGRAPHIE

BECHEC Claire, MARECHAUX Pierre (dir.), *Le monde imaginal des psychè et des umbrae* ; La surnature dans le monde greco-latin, vol. 1, Université de Lettres et Sciences humaines de Nantes, Thèse soutenue en 2011.

BOARDMAN John, *Les vases athéniens à figures noires*, Thames & Hudson, 1996.

BOARDMAN John, *Les vases athéniens à figures rouges, La période archaïque*, Thames & Hudson, 1997.

BOARDMAN John, *Les vases athéniens à figures rouges, La période classique*, Thames & Hudson, 2000.

BURKETT W., « Héraclès et les animaux », *Le Bestiaire d'Héraclès, IIIe rencontres Héracléénnes*, Kernos suppl. 7, 1998.

CARPENTER H. Thomas, *Les mythes dans l'art grec*, Thames & Hudson, 2006.

CHAZALON Ludi, « Héraclès, cerbère et la porte des Enfers dans la céramique attique », *Frontières terrestres, frontières célestes dans l'antiquité*, Collection études, Presses universitaires de Perpignan, 1995.

COLLARD Hélène, *Montrer l'invisible ; Rituel et présentification du divin dans l'imagerie attique*, Presses Universitaires de Liège, Kernos Supplément 30, 2016.

COMMELIN Pierre, Mythologie grecque et romaine, Éditions Garnier Frères, 1981.

CORNU Claude, Transcription de la conférence sur la céramique grecque du 6 octobre 2001.

DUGAS Charles, « Décoration et imagerie dans la céramique grecque », Revue des Études Grecques, tome 49, fascicule 231-232, Juillet-septembre 1936.

GNOLI Gherardo, VERNANT Jean-Pierre (dir.), La mort, les morts dans les sociétés anciennes, Éditions de la Maison des sciences de l'homme, Cambridge University Press, 1990.

GRAVES Robert, Les mythes Grecs, Pluriels, Hachette Littératures, 2008.

GRAVES Robert, Les mythes Grecs (édition abrégée, illustrée), France Loisirs, c1984 (trad française).

GRIMAL Pierre, Dictionnaire de la mythologie grecque et romaine, Presses universitaires de France, coll. « Grands dictionnaires », 1999.

GRIMAL Pierre, La mythologie grecque, Que sais-je ?, PUF, Vendôme, édition de 2003.

HOLSCHER Tonio, « La vie des images grecques », Sociétés de statues, rôle des artistes et notions esthétiques dans l'art grec ancien, Louvre éditions : la Chaire du Louvre, Hazan, 2015.

HOMERE, *L'Iliade*, Livre de poche classique, 1972.

JOUANNA Danielle, *Les Grecs aux Enfers, d'Homère à Épicure*, Les Belles Lettres, 2015.

JOST Madeleine, « Aspects de la vie religieuse en Grèce, du début du Ve siècle à la fin du IIIe siècle av JC », *Regards sur l'histoire 2e édition*, SEDES, 1992.

JUBIER-GALINIER Cécile, « Héraclès entre bêtes et dieux dans l'atelier des peintres de Sappho et de Disophos », *Le Bestiaire d'Héraclès, IIIe rencontres Héracléénnes*, Kernos suppl. 7, 1998. (p.75-85)

KARDIANOU-MICHEL Alexandra, *Département des antiquités grecques, étrusques et romaines*, Feuillets du Louvre, 2007.

LE DINAHET Marie-Thérése, « La religion des cités grecques VIIIe-Ier siècle av JC », *Le monde : une histoire, mondes anciens*, Ellipses, 2005.

LISSARANGUE François, « L'image mise en cercle », *Dossier : Images mises en forme*, Éditions de l'École des hautes études en sciences sociales, collection Mètis, 2006.

MANFRINI IVONNE, « Images en gestes », *Dossier : Images mises en forme*, Éditions de l'École des hautes études en sciences sociales, collection Mètis, 2006.

MOIGNARD Elizabeth, *Master of Attic Black-Figure Painting, The Art and Legacy of Exekias*, I.B.TAURIS, 2015.

OAKLEY H. John, *Picturing death in classical athens, The evidence of the white lekythoi*, Cambridge University Press, 2007.

REYSER Thomas, « Discours et représentations de l'Au-delà dans le monde grec », *Archéologie et Préhistoire*, Université Paris-Est, 2011.

REYSER Thomas, *« La représentation de l'au-delà sur les vases archaïques »*, *Deucalion et Noé*, 2017.

REYSER Thomas, « La corne d'abondance, d'Hadès à Tychè », *Deucalion et Noé*, 2017.

SCHNAPP Alain, *Préhistoire et Antiquité, Des origines de l'humanité au monde classique*, Flammarion, 2011.

SCHMIDT Stefan, « Rhetorische Bilder auf attischen Vasen », *Visuelle Kommunication im 5 Jahrhundert v. Chr*, Reimer.Dietrich,2005.

VERNANT Jean-Pierre, *Religions, histoires, raisons*, Petite coll.Maspero,1979.

VERNANT Jean-Pierre, *La mort dans les yeux : Figures de l'Autre en Grèce ancienne*, Hachette, 1985.

VERNANT Jean-Pierre, « Figures, idoles, masques », *Conférences essais et leçons du Collège de France*, Julliard, 1990.

VERNANT Jean-Pierre, « La belle mort et le cadavre outragé », *La mort, les morts dans les sociétés anciennes*, Éditions de la Maison des sciences de l'homme, Cambridge University Press, 1990.

VILLANUEVA PUIG Marie-Christine, « Images mises en forme », *Dossier : Images mises en forme*, Éditions de l'École des hautes études en sciences sociales, collection Mètis, 2006.

CREDITS PHOTOGRAPHIQUES

Fig. 1 – p. 18. iStock.

Fig. 2 – p. 25. CC0 1.0 The Metropolitan Museum of Art.

Fig. 3 – p. 32. CC0 1.0 The Metropolitan Museum of Art.

Fig. 4 – p. 38. CC0 1.0 The Metropolitan Museum of Art.

Fig. 5 – p. 45. Digital image courtesy of the Getty's Open Content Program.

Fig. 6 – p. 50. CC0 1.0 The Metropolitan Museum of Art.

Fig. 7 – p. 56. CC BY National Museum of Antiquities, Leiden.

SOMMAIRE